बेनाम चिट्ठियाँ

पूनम अवस्थी

अंजुमन प्रकाशन

Title : Benaam Chittiya
Author : Poonam Awasthi

Published By-
Anjuman Prakashan
942, Mutthiganj, Prayagraj, 211003
www.anjumanpublication.com
anjumanprakashan@gmail.com

Printed and bound in India.
Paperback, First published by Anjuman Prakashan in 2022
ISBN : 978-93-91531-71-3
Copyright © 2022 Poonam Awasthi
Printing rights reserved : Anjuman Prakashan 2022
Cover & Typeset by Anjuman Prakashan

Price in india: 200/-

समर्पण

मेरी यह कृति मेरे स्वर्गीय पिता श्री हरी प्रसाद अवस्थी और मेरी जिजीविषा
की प्रेरक मेरी माता श्रीमती माया देवी को समर्पित है,
पिता के जाने के बाद माँ ने संकट से दो-दो हाथ करना सिखाया है।

आभार

जीवन एक लंबी यात्रा है जिसमें पथ विविधता बनी रहती है, आपकी ही तरह हर उतार चढ़ाव पर कोई न कोई हाथ मेरी तरफ़ बढ़ चला है साथ देने के लिए। आज मेरा यह स्वप्न बहुत सी आँखों का स्वप्न है और मैं उन सभी प्रतीक्षित नेत्रों की आभारी हूँ।मेरे जीवनसाथी जितेंद्र जैमन जो मुझे मुझसे भी अधिक समझते हैं व सबसे बडे सहायक हैं,मेरे दोनों पुत्रों से मुझे बल मिला है और पुत्री से प्रसन्नचित्तता जो कविताओं में परिलक्षित होती है, मेरी पूर्व प्रधानाचार्या प्रियदर्शिनी कच्छावा जी उत्साह की पोटली हैं।

गीतऋषि श्री रमेश रंजन मिश्र जी, आदरणीय श्री रमेश शर्मा जी एवं डॉ रेवंत दान चारण जी की हृदय से आभारी हूँ कि इन्होंने इस पुस्तक की भूमिका लिखकर मुझे अपना शुभ आशिष प्रदान किया है।

असल पूँजी मेरा परिवार-मेरे पाठक जो मुझे यहाँ तक ले आए हैं मैं इन सबकी शुक्रगुज़ार हूँ।

बड़े मन से भाव विभोर हो लिखी हुई कविताएँ...... मैं जो, जितना भी पढ़ पाया वह बाँधने वाला, अपनी दुनिया में ले जाने वाला भावों का संसार लगा मुझे पुस्तकाकार। संग्रह की प्रतीक्षा है कि कागज की खुशबू भरी "बेनाम चिट्ठियाँ" पढ़ सकूँ!

पूनम जी को संकलन के लिए बधाई... मंगलकामनाएँ-

भवदीय
गीतकार रमेश शर्मा
चित्तौड़गढ़, राजस्थान

भूमिका

नारीमन की उदात्त अभिव्यक्तिः

पूनम अवस्थी का नाम काव्य संसार में नया ज़रूर है परंतु इनकी कविताओं के भाव बहुत गहन और संजीदा है।

जो उन्हें अन्य नये समकालीन रचनाकारों से अलग पहचान दिलाते हैं। इन कविताओं से गुज़रते हुए पाठक के समक्ष नारी मन की कई घनीभूत संवेदनाएँ जीवंत हो उठती हैं, जो उसे अपने तीव्र भावों के साथ बहा ले जाने की क्षमता रखती है।

इन कविताओं में प्रेम, समर्पण, निष्ठा, प्रतीक्षा के साथ ही जीवन की कठिन राहों से निरंतर चलने का साहस और धैर्य है, साथ ही साथ अपार सहनशक्ति भी है।

"तमाम उम्र
तुम दौड़ते रहोगे
समेटने के लिये
पीछे छूटा वक़्त
मैं मिलाती रहूँगी
तुम्हारी गति संग
अपने ये कदम
तमाम उम्र
तुम ढोते रहोगे
अपने थके मन का
अनदेखा बोझ
मैं सहलाती रहूँगी
अदृश्य हाथों से तुम्हारा ये सिर"

पूनम अवस्थी की कविताओं में मिलन बिछोह के क्षणों से उपजी हुई भावनाओं की मार्मिक अभिव्यक्ति है, जिसमें स्मृतियों के कई गवाक्ष है और इन गवाक्षों से कई दृश्य नजर आते हैं। इन कविताओं में जहाँ प्रेम का सूक्ष्म रूप है, वहीं महादेवी वर्मा की याद आती है और जहाँ प्रेम का स्थूल रूप है वहाँ अमृता प्रीतम की बरबस याद आती है।

"तब मैं आऊँगी
कमरे में रखे हुए गुलदान
महक रहे होंगे
फूलों के बिना भी
जब साँवली धूप
उतर आ रही होगी
घर के आँगन में
साँझ की कन्या खेलती
ठंडी हवाओं से
चिढ़ा रही होगी तुम्हें
तब मैं आऊँगी।"

कवयित्री अपनी कविताओं को बेनाम चिट्ठियों की संज्ञा देती है जिसमें वह अपने जीवन के कहे-अनकहे शब्दों के माध्यम से अपना सच व्यक्त करती है।

स्त्री-पुरुष सम्बंधों में परस्पर प्रेम, निष्ठा और समर्पण का भाव रिश्ते को सम्पूर्णता का एहसास दिलाता है, वहीं इनमें किसी एक भाव का अभाव जीवन को दूभर बना देता है।

"एक दिन जब देह शिला हो जायेगी
तुम आओगे
शिकायतों का अंबार लिये हुए...
खीजते हुए
कहोगे कि अब बोलती क्यों नहीं
भुलावा बना रहे
कि शिलाएँ भी कहती सुनती हैं"

इन कविताओं में कंकरीली धरती पर गिरने और छिल जाने जैसी तीव्र संवेदना है, अतीत के अनकहे अनुभवों की कसैली स्मृतियों के घाव है, गले तक डूब जाने का मर्मांतक दृश्य है मगर जीवन यात्रा तब भी अनवरत है।

जहाँ एक ओर घरेलु महिलाओं का अथक परिश्रम है, वहीं दूसरी ओर काम-काजी महिलाओं का विभिन्न मोर्चों पर संघर्ष भी है, इन सब से परे एक औरत के अपने अस्तित्व की तलाश और जुनून को भी इन कविताओं में स्वर मिला है।

पूनम अवस्थी की कविताओं में कई तर्क-वितर्क है, वे औचित्य और अनौचित्य भरे दायित्वों पर सामाजिक सहमती और असहमति के गहरे सवाल भी पूछती है।

कहीं-कहीं ये सवाल इतने तीव्र होने लगते हैं कि खीज के स्वर में परिवर्तित होकर करुण रस का संचार करती है।

"जिनके नाखून भर से भी हल्के हैं
इनके खरीददार होने के दावेदार लोग
योग्य होकर भी अयोग्यता का तमगा पहना
इन्हें गिराते हैं तथाकथित खरीददार लोग
चुपचाप आँसू बन गिर जाती है
ये खरीदी जाने वाली औरतें।"

इन कविताओं में मानवीय द्वंद्व की मार्मिक अभिव्यक्ति है
सिद्धार्थ के महाभिनिष्क्रमण और उसके बुद्ध बन जाने की सार्थकता पर
सवाल खड़े करती है तो बुद्धत्व भी कठघरे में खड़ा नज़र आता है।

"सम्पूर्ण परिवार से छिपकर

तुम जा नहीं सकते सन्यास पर

छल है ये, यूँ चले जाना

छल है इस तरह छोड़ जाना

छल है इस तरह बुद्ध हो जाना।"

मानवीय सम्बन्धों की जटिलता की पड़ताल करते हुए ये कविताएँ द्वंद्व को
उजागर करने में कामयाब नज़र आती है।

"कुछ सम्बन्धों को नहीं लेना चाहिए जन्म

कुछ सम्बन्धों में नहीं फूँकने चाहिए प्राण

कुछ सम्बन्धों को सहज ही नहीं देना चाहिए मन

कुछ सम्बन्धों से नहीं करनी चाहिए अपेक्षा

कुछ सम्बन्धों की नहीं बनानी चाहिए स्मारिका"

पूनम अवस्थी की कविताओं में विविध रंगों और भावों के गुलदस्ते हैं इनमें
शिकायत, उलाहना, सवाल है तो जवाब भी है
कहीं-कहीं हल्का-फुल्का व्यंग्य और नारी सुलभ चुहल भी है।

"अच्छा अब ये भी करते हो

मुझसे हर बात छिपाते हो

मुस्कान अधरों पर रख तुम

क्या पागल मुझे बनाते हो।"

इनकी कविताएँ इहलौकिक प्रेम की अभिव्यंजना करते हुए अध्यात्म और दर्शन के उच्च स्तर तक ले जाती है।

वे अपनी एक कविता 'प्रेम' में अद्वैत को इस तरह लिखती है।

"तुम्हारा और मेरा साथ होना

केवल होना ही तो नहीं है न

पावन हो तुम और मैं पवित्र

पृथक हो ही नहीं सकते कदापि

क्योंकि तुम एक गूढ़ रहस्य हो

और मैं प्रतीक्षित जिज्ञासा

तुम्हारा उदय और अवसान

मुझे ही संभव रहा है सदा

विलग "तुम हो ही नहीं सकते"

माना गया है कि नारी हृदय उदात्त भावों से परिपूर्ण होता है, इस स्थापना पर यकीन तब होता है जब पूनम अवस्थी की कविताओं की भावभूमि पर विचरण कर रहे होते हैं।

मानवीय अहम उसके व्यक्तित्व को बेहद हल्का बनाता है वहीं उसी अहंकार का विनम्रता के साथ विगलन उसके कद को विराट बना देता है।

"सचमुच बेमानी हूँ मैं

बेमानी है मेरे भाव

चलो तुम श्रेष्ठ, मैं निम्न।"

यह स्वीकार्य भाव पराजय को नहीं दर्शाता है, वरन सम्बन्धों को जीवित

रखने का जतन बतलाता है।

कवयित्री पूनम अवस्थी को मानवीय संवेदनाओं की गहरी परख है वो सदैव हँसते हुए चेहरों के पीछे छिपी हुई गहन उदासी और हँसती हुई रुलाई के आरपार देखने में सक्षम नजर आती हैं

"हँसोड़ लोग
असल में होते हैं निपट अकेले और उदास
रंगों की डिबियों जैसे सार्थक पर अर्थहीन
अकेले होने में मुँह ढ़ाँपे निकलते हैं प्रायः
आँसुओं की अनवरत पर कहीं सुदूर।"

नये ज़माने के रंग-ढंग और तौर-तरीकों को कवयित्री बख़ूबी जानती हैं, नयी पीढ़ी कई तरह की अनावश्यक वर्जनाओं को नहीं मानती है, वरन वो गुणवत्तापूर्ण जीवन जीने में यकीन करती है, इस अलमस्त नयी पौध के बारे में कवयित्री लिखती है।

"उफ्फ! ये नये लड़के हैं
कई आँखों में चुभते हैं
इनके मुँहजोर शाइराना
इरादों के शीशे
कई कानों को नहीं सुहाती
इनकी गहरी और नक्क़ाशीदार बातें...
तराशने लगे हैं वकार कहने का
उफ्फ! कैसा ग़ज़ब ढहाते हैं ये नये लड़के।"

कवयित्री नारी की दशा और दिशा पर बात करती हुई मानवीय सभ्यता के

खोखले नैतिकता के दावों पर विडंबनापूर्ण दृष्टि डालती हैं, जिसके आगे समस्त मानवता सिर झुकाए खड़ी नज़र आती है

"स्त्रियाँ निकल जाना चाहती हैं
इन बंद खुले घरों से
इसलिये नहीं कि
उन्हें घर प्रिय नहीं
बल्कि इसलिये
क्योंकि घर को वे प्रिय नहीं स्त्रियाँ।"

इस संकलन में उनकी अनूठी गीतिकाएँ भी शामिल है इनमें से कुछ ग़ज़ल फॉर्म में लिखी गयी है जो संवेदना के स्तर पर श्रेष्ठ बन पड़ी है।

"चुप हो गये हैं स्वप्न तिरस्कार देखकर
है मौन अश्रु प्रेम की मनुहार देखकर
रक्तिम आँखों पे रंग घृणा द्वेष के लगे
बस्ती हुई है दंग ये त्योहार देखकर।"

इन गीतिकाओं में कवयित्री पौराणिक प्रतीकों के माध्यम से आज के हालात को व्यक्त करती है।

"बैठ ज़रा बतिया ले मन तू
कुछ पल तो आराम मिले
जीवन रामायण में शायद
निर्वासित फिर राम मिले।"
स्वप्न और यथार्थ के बीच के फासले को हर रचनाकार ने अपने तरीके से

व्यक्त किया है। कवयित्री पूनम इस विषय पर लिखते हुए करुणामय दृष्टि से भरपूर है।

"वो जो सतरंगी सपने थे
उनको स्याही तुमने बाँटी
पर तुमने जो रंग उतारे
मैंने जीवन भर पहने हैं
तुम सच ही कहते थे मुझसे
सीखे पागल होना कोई
एक अधूरी चुप्पी ओढ़े
तुमको पूरे सच कहने हैं।"

साहित्यिक संसार मे कवयित्री पूनम अवस्थी के इस पहले काव्य संग्रह की उपस्थिति कविता के कदरदानों और साहित्यिक सहृदय तक जरूर रेखांकित की जायेगी, यह मेरा यकीन है।

पूनम अवस्थी अपनी भावभरी कलम को यूँ ही अनवरत चलाती रहे, बहुत सारी शुभकामनाएँ।

डॉ रेवन्त दान
समाचार वाचक
आकाशवाणी, जयपुर, राजस्थान
मोबाइल नंबर 09414742299

गीतऋषि श्री रमेश रंजन मिश्र जी

अपने मन के भावों को शब्दों में उतारने की कला ईश्वरीय वरदान है और यह सभी को प्राप्त नहीं होता। प्राप्त करने वाले तमाम मनीषियों के बीच पूनम अवस्थी बेबाक एक ऐसा नाम है जिसे ईश्वर ने शायद बेबाक बातें कहने के लिये ही चुना है। पहली कविता ही मैं आऊँगी, साँझ की कन्या खेलती ठंडी हवाओं से तुम्हें चिढ़ा रही होगी पढ़कर अद्भुत चित्र उभरता है। प्रत्येक कविता जब देह शिला हो जायेगी अन्तिम सत्य के साथ उलाहना हो, चाहे स्त्रियों की मनोदशा हो, काल का कराल चक्र हो तुम बुद्ध नहीं हो सकते। निचोड़ कह दिया। प्रेम, परी, फूल ,काँटे सभी विषयों पर बराबर अपने सहज भावों को सरलता से रखा गया है।

विषय के अनुरूप शब्दों का प्रयोग करने में कवयित्री पूर्णरूपेण सफल हैं। पुस्तक की लोकप्रियता के लिये मेरी अनंत मंगलकामनाएँ।

भवदीय,
गीतऋषि श्री रमेश रंजन मिश्र
निवास लखनऊ,उत्तरप्रदेश

अनुक्रम

1

तमाम उम्र

तुम दौड़ते रहोगे,
समेटने केलिये
पीछे छूटा वक़्त ।
मैं मिलाती रहूँगी
तुम्हारी गति संग
अपने ये कदम,
तमाम उम्र ॥
तुम ढोते रहोगे
अपने थके मन का
अनदेखा बोझ ।
मैं सहलाती रहूँगी
अदृश्य हाथों से
तुम्हारा ये सिर,
के तमाम उम्र ॥
मुस्कुराओगे पाकर स्वयं में
अपने ही अँधेरे ।
मैं उजास भरूँगी
अपने रूप से अंतस
के हर गलियारे में
तमाम उम्र ॥
कि तुम इसी तरह मेरे रहोगे
तमाम उम्र ।
कि तुम्हें इसी तरह पा लूँगी मैं
तमाम उम्र ।

2

तब मैं आऊँगी

कमरे में रखे हुए गुलदान,
महक रहे होंगे,
फूलों के बिना भी।
जब साँवली धूप उतर
आ रही होगी,
घर के आँगन में।
साँझ की कन्या खेलती,
ठंडी हवाओं से,
चिढा रही होगी तुम्हें।
तब मैं आऊँगी ॥
अपने कमरे के कोने से,
कुछ किताबें उठा,
पलटने लगोगे पन्ने
फिर पुरानी गज़लें
बेसबब दोहराओगे
और मुस्कुराते हुए
सोचोगे मेरे होने को जब।
तब मैं आऊँगी ॥

बेनाम चिट्ठियाँ

तुम जला लेना अलाव,
बीते वक्त की याद से
गरमाहट पाकर।
मैं ले आऊँगी हुक्का,
हा हा हा हाँ हुक्का
गुड़गुड़ाने के लिये
और तुम बनाओगे
मेरे लिये साबूदाना खिचड़ी।
जब ऐसा चाहोगे तुम ॥
तब मैं आऊँगी ॥

3
बेनाम चिट्ठियाँ

अक्सर लिखती रहती हूँ मैं
और तुम भी लिखते रहते हो।
संबोधन का अभाव लिये हुए
कुछ अनकहे शब्दों की आड़ में
आधा-अधूरा सा अपना सच।
विवशताएँ एवं व्याकुलताएँ
दोनों ओर से परिलक्षित होती हैं
तुम भी बचा लेते हो कुछ स्याही
मैं भी बचा लेती हूँ खाली पृष्ठ।
ये आधे-अधूरे वार्तालाप रहे
अक्सर डायरी के पन्नों के बीच
या यहीं लिख दी हमने अक्सर
कितनी ही बार बेनाम चिट्ठियाँ।
बेनाम होकर भी बेनाम नहीं।

बेनाम चिट्ठियाँ

4

शिलाएँ

एक दिन
जब देह शिला हो जायेगी।
तुम आओगे
शिकायतों का अंबार लिये।
तुम आओगे
जवाबी ख़तों की पोथियाँ संभाले।
कहोगे कि अब
मैंने बंद कर दिया है
हमेशा की तरह तुमसे झगडना।
दुहाई दोगे
उस हर व्यस्तता की जिसमें
तुम भीड में थे और मैं निपट अकेली।
तुम आँसुओं से
भिगो दोगे सारी असमर्थताएँ।
निचोडने लगोगे
बीते वक्त का हर लम्हा।
बदहवासी
हाँ उसी हालत में चीखोगे।
खीजते हुए
कहोगे कि अब बोलती क्यों नहीं।
भुलावा बना रहे
कि शिलाएँ भी कहती सुनती हैं॥

5
घुटन

जैसे किसी कंकरीली धरती पर गिर पड़ी हूँ मैं।

छिल गयी है भावनाओं की परत,

झाँकने लगा है चिलचिलाता सा,

बीती बातों की जगह उभरे हुए घावों से लहू।

मंद पड गयी है ओस की बूँदों जैसे मन की चमक।

चिड़चिड़ापन है श्वासों की यात्रा में,

सपनों की नाव गलने लग गयी है,

कि बारिश के पानी ने डुबो दिया है गरदन तक॥

बेनाम चिट्ठियाँ

6
स्त्रियाँ अक्सर डूब जाती हैं

जन्म से ही खोजती फिरती
हैं अपना अस्तित्व।
ढालती हैं स्वयं को स्वयं से
परे औरों के साँचे में।
और इस तरह रूप बदलते-बदलते
स्त्रियाँ अक्सर डूब ही जाती हैं।
पिता का मान, माँ की कर्मठता
भाई का गर्व, समाज का दंभ संभाले।
ससुराल की अपेक्षा, बच्चों की
देख-भाल और स्वयं को बिसारे।
अपने स्वप्नों को नोचते हुए
स्त्रियाँ अक्सर डूब ही जाती हैं।
असंभावित संभावनाओं के सहारे
 व्यय कर देती हैं तन-मन और आत्मा।
कार्यालय और रसोई के बीच
चिसकर करती हैं भाग्यरेखा का खात्मा।
सबको खुश रख अपना मन दुखाते
स्त्रियाँ अक्सर डूब ही जाती हैं।

7

तुम आओ तो बस प्रेम क्यों करो ?

मैं करीने से जमाने लगती हूँ,

बिखरा हुआ सामान।

अनमने पडे दाल मसाले के डिब्बे,

नज़र आने लगे हैं कतार में खडे,

चुस्त सिपाहियों के दल से।

समेटती हूँ अकेलेपन की राख,

तह लगा कपड़ों की बनाती हूँ

विरह के आँसुओं की नदी पर बाँध।

पर अब भी कुछ काम अधूरे छोडे हैं।

नहीं चढ़ाया है तकिये और रजाई पर,

वह धुला हुआ साफ लिहाफ।

नहीं हटाया है अभी तक मेकअप का,

बेतरतीब पडा हुआ सामान।

कि तुम आओ तो बस प्रेम क्यों करो ?

थोडी सी झिडकी, थोडा गुस्सा,

और हँस कर कहना

"साले मैं नहीं हूँ तो देख, कैसे रहता है तू"

ये सब भी तो सुनूँ कि जिसके बिना,

अधूरा रहता है हर दिन॥

बेनाम चिट्ठियाँ

8
खरीदी जाने वाली औरतें

इस बात से बेखबर हैं कि
किसने चुका दी है कितनी कीमत
और कब किसने हिसाब कर दिया ?
नहीं जानती कि क्या है खरीदना
या बेचना होता क्या है आख़िर ?
इन्हें याद है कि बहुत सजाया गया
सँवारा गया था इक रोज़ जतन से।
इन्हें याद है कि बाज़ार भर गया था
आकर हर तरह, हर तरफ से घर में।
देखा था माँ को चिंता में डूबते
और पिता के न होने को भी जाना था।
गाड़ियाँ भर सामाँ पहुँचाया गया
उस मकान में जहाँ उसे भी तो आना था।
तमाम उम्र तन-मन और आत्माबंदी
तमाम उम्र 'अस्तित्व' से अनजान रह कर।
अपनत्व की तलाश में अक्सर यूँ ही
भुलावा जीती हैं बेबिके ही बिककर।
ये खरीदी जाने वाली औरतें ।
जिनके नाखून भर से भी हल्के हैं
इनके खरीददार होने के दावेदार लोग।
योग्य होकर भी अयोग्यता का तमगा पहना
इन्हें गिराते हैं तथाकथित खरीददार लोग।
चुपचाप आँसू बन गिर जाती हैं
ये खरीदी जाने वाली औरतें।

9
प्रेम

यदि तुम सुन पाते
मेरे अंतस का संगीत
जान पाते तब यह
कि तुमने ही नहीं
मैंने भी जिया है
वह क्षण जब तुम थे
वह क्षण जब मैं थी
वह क्षण जब सिर्फ
प्रेम था पावन प्रेम।

10

जाता साल

ऐ जाते हुए साल
तुझसे दामन छुड़ाना
मुश्किल बहुत है।
साथ तो छूटेगा ही
पीले पत्ते छोड़ते हैं
पेड का आसरा
नयी कोंपले पा सकें
जिससे जीवन।
जाना होगा तुम्हें भी
नया साल जन्मे जिससे
और पा सके जीवन ॥

खामोशी

खामोशी की ये आवाजें
कोहराम मचाती हैं घर में
चुप चुप हैं मुसकानें सारी
गुमसुम बैठी हैं किस डर में

आहट-आहट शंकित करती
है घात लगाये कौन यहाँ
आशा के जलते दीपक को
भूली बैठी है रात कहाँ

सरसर-सरसर-सरसर करती
तीव्र हवा का वेग हुआ है
शशि हो भयभीत छिपा घन में
तम ने मन का अंग छुआ है।

जवाब

हवा का दायरा बाँधोगे क्या ??

रोशनी पर पहरेदारी बिठा दोगे ??

मन की सीलन को बचाने के लिये

धूप को कारावास मे भेजोगे ??

मरूस्थल की क्षण भंगुर व्याकुलता को बनाए रखने के लिये

मेघों को वनवास दे दोगे ??

इतने भयग्रस्त 'तुम हो नहीं सकते'

तुम्हारी आँखों के ये अनिर्वचनीय सत्य और

तुम्हारे अधरों पर अतिक्रमण करती हुई

यह अबूझी मुस्कान ॥

यही ''निश्छलता' है क्या ??

मन

तुम्हें समझ पाना कठिन है
समझा पाना भी दुष्कर है।
तुम्हारे रहस्य और ग्रंथियाँ
कितनी गूढ रही हैं सदैव ।
कभी पत्ते पर पड़ी ओस
जैसे निर्मल और पवित्र हो
कभी किसी पुरानी मैली
दुशाला से भी कालुष्यपूर्ण।
तुम इतने उलझे हुए क्यों हो
सुलझने में ठगे जाने का भय
संभवत: उलझाए रखता है ।
प्रेम चाहते हो परंतु डरते हो
प्रेम करते हो परंतु डरते हो
मत डरो तुम नहीं होगा मुझे
कभी तुमसे या किसी और से
तथाकथित यह कृत्रिम प्रेम ॥
मन भययग्रस्त "तुम हो नहीं सकते"

14

तुम नहीं हो सकते बुद्ध

तुम राजकुमार नहीं हो,
न ही तुम्हें दूर रखा गया,
जीवन की क्षण भंगुरता से।
तुम समझते हो समस्त
आधि, व्याधि, जरा, मृत्यु।
तुम जानते हो आदि-अंत,
प्रेम, मोह, आसक्ति, बिछोह,
इन सबसे भिज्ञ हो तुम।
परन्तु तुम भयभीत हो।
प्राप्त के लुप्त हो जाने से,
और प्रिय के सुप्त दुख से,
काँपने लगता है तुम्हारा अंतस।
प्रेम में डूबे हुए तुम भी,
तर जाने की चाह लिये,
चला नहीं पाते हो हाथ-पाँव।
पार जाना चाहते हो दुख से,
साथ बाँधे रखते हुए नेह बंध,
 इस प्रणय के भागी होकर भी
तुम हो नहीं सकते बुद्ध।
सोती हुई पत्नी को एकाकी छोड,
संपूर्ण परिवार से छिपकर,
तुम जा नहीं सकते संन्यास पर।
छल है ये, यूँ चले जाना,
छल है इस तरह छोडा जाना,
छल है इस तरह बुद्ध हो जाना।
हाँ तुम छल नहीं कर सकते

विश्वासों का सूरज

आने वाले ये पल साथी
नव साहस फिर से लायेंगे॥
कुछ पल बाकी हैं इक पल में
और कई पल मुस्करायेंगे।
देखो कितने तोरण बाँधे
पथ पर आशाएँ आयी हैं।
देखो भर कुमकुम की थाली
जयमाला खुशियाँ लायी हैं।
अनुबंधों की प्राचीरों से
विश्वासों का सूरज झाँके।
कपटी सिर धुनते हैं अपना
दंभी तेरी पग रज फाँके।
हमने उत्सव मान लिया है
जीवन में तेरे होने को।
इतना पाकर ये लगता है
 क्या बाकी पाने खोने को।
जीवन ये स्वस्तिक के जैसा
पावन सुख निर्मल काया दे।
जो मन के आँगन में रोपा
वह अंकुर शीतल छाया दे।
पुष्प परागों से सजता है
रजनी विधु से यौवन पाती।
मन की देहरी प्रेम दिये से
एक तुम्हारा चिंतन पाती।

16
मृत्यु संज्ञक संबंध

कुछ संबंधों को नहीं लेना चाहिए जन्म।

कुछ संबंधों में नहीं फूँकने चाहिए प्राण।

कुछ संबंधों को सहज ही नहीं देना चाहिए मन।

कुछ संबंधों से नहीं करनी चाहिए अपेक्षा।

कुछ संबंधों की नहीं बनानी चाहिए स्मारिका।

कुछ संबंधों की नहीं सींचनी चाहिए जड़ें।

कुछ संबंधों को नहीं देनी चाहिए जीवन संज्ञा।

कुछ संबंधों पर आरोपित नहीं करना चाहिए अपनत्व।

कि कर देना चाहिए त्याग, तर्पण अंतिम संस्कार।

कि कर देना चाहिए काटकर आत्मा से अलग।

कि उखाड देना चाहिए समूल ऐसा पौधा।

कि जन्मने से पूर्व कर दी जानी चाहिए हत्या।

कि हर लेने चाहिए एक झटके से प्राण।

कि हो जाना चाहिए सत्य स्वभाव से भी कठोर।

नष्ट-भ्रष्ट कर देनी चाहिए इनकी स्मारिका।

कलंकित कर देना चाहिए इनका अपनत्व।

कि ऐसे संबंध जीवन नहीं मृत्यु संज्ञक हैं।

विजयादशमी

वह दशकंधर, महातपस्वी शिव शंकर का चेरा ।

माया के कपटी किंकर ने उसको था कैसा घेरा ।

एकनिष्ठ वह, भ्रष्ट हो गया शाप के वश में होकर ।

ले आया था जनकसुता को लंका में सुधि खोकर ।

वैदेही की देह को उसने तदपि न किया कलंकित ।

राक्षस होकर भी इस युग सम हुआ न रावण पंकित ।

जला रहे हम मूढ़ प्रतीकों में रावण को बोकर ।

मन के असुर जला न पाये आज दशहरा होकर ।

आज दशानन मन का मारें, स्वयं को राम बनायें ।

दोषमुक्त करके निज मन को विजयादशमी मनायें ।

18
रहस्यमयी औरत

रहस्य ही है वह औरत॥
उसके चरित्र में दिखे,
सबको अनगिनत लोच।
आसपास कम ही हैं
सजातीय या महिलाएँ।
अनेक पुरुष मिलों में,
प्रेमी नहीं कोई उसका।
आती है प्रेम की कला पर,
रहस्य ही है वह औरत॥
उसमें कोमलता निहित,
अनुपम सौंदर्य छटा है।
लचक, यौवन, उतार-चढ़ाव,
 बोली में मिठास भी है।
फिर भी नहीं है आसक्ति,
पुरुषों के प्रति तनिक भी।
आता आकर्षित करना पर,
रहस्य ही है वह औरत॥

अकेलेपन की धुँध

मेरे पास ख़ाली काग़ज़ थे।
एक सुधारी हुई क़लम थी।
लिख सकती थी इस समय,
मज़दूरों की भूख व आँसू।
राजनीति की नैतिकता व
नेतृत्व की अनीति समस्त।
उकेर सकती थी छोटी सी,
श्वेत गर्दन- धूसर पर चिड़िया।
खिड़की के उस पार टोहती,
छिपकली की लालसा और,
कर सकती थी खिले गुलाब के,
साँझ तक मुरझाने का वर्णन।
बाँच सकती थी आत्मकथाएँ,
सुना सकती थी कई कहानियाँ।
गा सकती थी अपने लिखे गीत,
पूरी कर सकती थी ग़ज़लें।

पर ख़ाली रहे काग़ज सारे,
चुप रही सुधारी हुई क़लम।
लिखने न आये भूख व आँसू,
नीति अनीति पर अंकुश रहा।
देखी पर उकेरी न जा सकी,
बग़ीचे वाली वह छोटी चिड़िया।
ताकती ही रही मोटी छिपकली,
मुरझाते रहे खिले हुए गुलाब।
बाँची न जा सकीं आत्मकथाएँ,
सुनी न गईं कैसी भी कहानियाँ।
साधे न जा सके गीतों के सुर,
अधूरी रह गयी सभी ग़ज़लें।
कि अकेलेपन की धुँध में सब,
धूमिल था, धूसर था, धुँधला था।

20
कविताएँ नहीं हैं

कविताओं की किताब से,
कोई झाँकता नहीं है अब।
कहानी, निबंध, लघुकथाएँ,
तो बोलती हैं पृष्ठ प्रति पृष्ठ।

कविताएँ कहाँ चली गईं,
अचानक कौन ले गया उन्हें।
कि अब चिड़िया दाने चुगती,
मग़र पहले सी लय से नहीं।

अलमारी के सिरों तक ठसाठस,
भरी हुई हैं कितनी ही किताबें।
गल्प,व्यंग्य, यात्रा-वृत्तांत सब हैं,
परंतु कविताएँ नहीं हैं अब।

पीहर

ससुराल से चलते वक़्त,
बदल गया होगा पीहर,
यह भूल जाती हैं बेटियाँ ॥

समेटती हैं बिखरा बचपन,
तह कर लेती हैं तकलीफें,
ज़मा लेती हैं छूटा हुआ कल,
लगा देती हैं चुप्पी का ताला ।

पल दो पल की ख़ुशी चुनने,
हँसी में झूल जाती हैं बेटियाँ ।

चारा खिलाते समय माँगती हैं,
भाई-भतीजे की लम्बी उमर ।
ठाकुर जी के दरवाज़े बोलती,
सवामनी कि भाभी रहे सुहागन ।

पूजा पाठ में ससुराल पीहर बस,
ख़ुद को भूल जाती हैं बेटियाँ ।

सोचती हैं माँ बनी रहे संग,
कि पीहर पीहर ही बना रहे ।
देहरी पर सजी रंगोली में भी,
खुशहाली का रंग सजा रहे ।

पर दुख पाती माँ सिमट जाए
रूंधे गले बुदबुदाती हैं बेटियाँ ।

स्वार्थी नागरिक

बाबू साहब के पेट पर कसे,
मोटे चमड़े के बेल्ट की तरह।
खींचकर बाँध लेनी चाहिए थीं,
तुम्हें तुम्हारी भूखी अंतड़ियाँ।

जिस तरह बेवकूफ भूख
नहीं समझती है स्वाद-बेस्वाद।
ठीक ऐसे ही चुनावी दौर में,
सत्ता कहाँ समझती पेट-भूख ।

तुम नागरिक हो कायर नहीं,
स्वार्थी भोजन-भोजन कहते हो ?
भोजन पर कल भाषण दिया,
पर तुम तो न आये सुनने स्वार्थी।

मत दो, मत दो, मत दो, दो मत,
इतना तो कर ही सकते हो न ।
हम देंगे देखना फिर तुम्हें भरपूर,
भूख, प्यास, धूप, दर्द और छोडो।

23
तो क्या जीत न पाओगे ?

पथ में बाधाएँ आयेंगी ।

असफलताएँ भरमायेंगी

नैनों में आँसू लायेंगी

तो क्या जीत न पाओगे तुम ?

जिस नैया से पार करोगे

नदिया का प्रतिकार करोगे

लहरों का भी दंभ हरोगे

यदि वह तरिणी खंडित होगी

तो क्या पार न आओगे तुम ?

जिस भुज बल पर है इतराती

विजय भाल चंदन बन जाती

प्रीत सदा आलंबन पाती

उसको लज्जित कर दोगे यदि

तो क्या हार न जाओगे तुम ?

24

पागल मुझे बनाते हो

अच्छा ! अब ये भी करते हो,
मुझसे हर बात छिपाते हो ।
मुस्कानें अधरों पर रख तुम,
क्या पागल मुझे बनाते हो ?
देखो जी ये ठीक नहीं है
मिलकर हँसना छिपकर रोना ।
हाथ रखे हो हाथों में और'
मन ही मन एकाकी होना ।
सच बतला दो निरर्थक ही
क्यों आगे बात बढ़ाते हो ।
मुस्कानें अधरों पर रख तुम,
क्या पागल मुझे बनाते हो ?
जो जुड़कर भी ना जुड़ पाये,
क्या उन हिस्सों का दुख है ।
तुम योजक हो हर हिस्से के
इसमें ही तो सच्चा सुख है ।
नयनों का अधिकार विहसना
क्यों उनको व्यर्थ रुलाते हो ।
मुस्कानें अधरों पर रख तुम,
क्या पागल मुझे बनाते हो ॥

बेनाम चिट्ठियाँ

जवाब

समेट लो अपने सारे रहस्य,
हाँ हाँ ठीक वैसे ही जैसे कछुआ
समेट लेता है अपने अंग
किसी ख़तरे की आहट पाकर।
निश्चय नहीं कर पाये हो शायद,
मुझसे असुरक्षा है तुम्हें
या अधिक सुरक्षित हो पाये हो ।
तुम्हारे पलकें मूँद लेने भर से
समस्याओं का बिडाल चला जायेगा?
मन के असहाय कपोत की रक्षा
कर पाओगे तुम इस तरह से कभी?
नि:संदेह तुम्हारी इस अलौकिक
दुनिया में बरबस चली आयी हूँ मैं।
तुम्हारे एकल्य की निजता को भंग
करने का दुस्साहस दिखाया है मैंने।
मुस्करा रही हूँ कि तुम असमंजस में हो
न रुकने के लिये कह पाये हो अब तक
न ही जाने का आदेश ही सुना पाये हो ॥
इतने असहाय "तुम हो नहीं सकते "

तुम नहीं हो सकते

प्रेम
जाओ !
तुम्हारे सभी दावे झूठे निकले
तुम्हारी करुणा बाहरी थी ।
तुम्हारा अट्टहास बनावटी था
तुम्हारा समर्पण वैचारिक था
तुम्हारी आस्था भी क्षणिक थी ।
तुम्हारे सभी प्रतिमान धूमिल हैं
तुम्हारी अवस्थाएँ दयनीय हैं
तुम कृपा पात्र हो जाना चाहोगे
संभवत: न लौट पाना चाहोगे
परंतु यह सत्य तुम्हारा है कदाचित्
तुम ही देख सकते हो इसे मैं नहीं ।
मेरे लिये तुम अनिर्वचनीय रहे
तुम्हारी निश्छलता जीवंत रही
तुम्हारे अट्टहास भी सजीव रहे ।
तुम चिरंजीव हो सदैव से ही
स्वयं को अपराधी मत कहो ।
तुम न्याय हो अंतस्तल से उजले
तुम्हारा और मेरा साथ होना

केवल होना ही तो नहीं है न
पावन हो तुम और मैं पवित्र ।
पृथक हो ही नहीं सकते कदापि
क्योंकि तुम एक गूढ़ रहस्य हो
और मैं प्रतीक्षित जिज्ञासा ।
तुम्हारा उदय और अवसान
मुझ ही पर संभव रहा है सदा ॥
विलग "तुम हो नहीं सकते"

मौन

कभी कभी मौन बड़ा वाचाल होता है
किसी शरारती बच्चे की आँखों की तरह
अधरों पर मुस्कान खींचने में सक्षम
कभी पलकें भिगो देने में पारंगत
भय को जन्म देने में समर्थ होता है
कभी साहस उत्पन्न करने में निपुण।
युद्ध और विघटन का संहारक बनता है
कभी अलगाव इसी की संतति होता है॥
मौन रहना आसान नहीं॥

28
तुम श्रेष्ठ

उसे बेहद पसंद है
मेरी ये आँखें ।
भर देता है ढेर मोती
हर बार इनमें ।
बना देता है इन्हें वह
कुछ और सजल ।
उसे बेहद पसंद है
मेरी यह मुस्कान ।
आने नहीं देता है कभी
लब तक खुलकर
चुरा लेता है इसे ।
उसके लिये अनमोल है
मेरी हर भावना ।
मूल्य नहीं कोई इनका
संजोता नहीं इन्हें
बातों में हवा करता है ।
और उसकी नज़र में
यही प्यार है उसका ।
प्यार जो सिर्फ
उसे ही करना आता है ।
सचमुच बेमानी हूँ मैं
बेमाने हैं मेरे भाव ॥॥
चलो तुम श्रेष्ठ, मैं निम्न ॥

29
प्रेम व सहानुभूति

सच ही तो कहा है तुमने

मुझे प्रेम का अर्थ नहीं मालूम।

नहीं जानती कि है क्या

प्रेम है या सहानुभूति।

स्वयं को प्रसन्नता देती

सोचकर यही प्रेम है।

तुम ज्ञानी हो न बड़े,

चलो तुम समझा दो।

आख़िर अंतर क्या है?

मेरा भाव मात्र सहानुभूति?

तुम्हारा भाव पवित्र प्रेम॥

30
अधिकार

जब भी चाहो तुम तब
लगा देना सामने मेरे
शिकायतों के अंबार ।
लगा देना प्रश्न चिह्न
मेरे होने पर हर बार ।
कह देना योग्य नहीं
तुम्हारा प्रेम पाने को
फिर देना तुम दुत्कार ।
मैं फिर भी वही रहूँगी
सदा से रही थी जो
पथराई धरती की सी
नेह वर्षा को व्याकुल
दे तुमको अधिकार ।
ले तुमपर अधिकार ॥

स्वीकार

बेनाम चिट्ठियाँ

तुम्हारे शब्द जीवंत
प्रतिध्वनित से अभी
लोहित नेत्रों से हैं
घूरते से मेरा मुख
फिर उठाते अँगुली
धिक्कारते मुझको
प्रेम के वे उपालंभ
घृणा से लेपित होकर
छील देने को आतुर
अंतस की मरुधरा को
अपराधहीन होकर भी
अपराध बोध अकारण
संभवतः दण्ड उचित
मूक स्वीकृति है मेरी
तुम्हारा दिया हर दण्ड
प्राणपण से हो गया
स्वीकार मुझे
स्वीकार मुझे

वेदना

हे मेरी वेदना !
क्षमा कर देना ॥
मैं नहीं दे पायी
तुम्हें कोई स्वर ।
चीखने के सभी
जो अधिकार थे
प्राप्त सदैव तुम्हें,
रोने बिलखने की
वह असीम उत्कंठा
छीन ली है तुमसे ।
अभिशापित सा है
तुम्हारा अस्तित्व ।
अपनी कठोरता पर
क्षमाप्रार्थी हूँ मैं ।
हे मेरी वेदना ।
क्षमा कर देना ॥

33
हँसोड लोग...

हँसोड लोग... ॥
वे घुल जाते हैं चायपत्ती की तरह,
छोड़ देते हैं सब पर अपना रंग।
बादामी मुस्कुराहट देकर भी ये,
छान दिये जाते हैं जीवन से अलग।

हँसोड लोग..।
होते हैं अच्छे कृषक और बनाते हैं
दोनों होंठों के मध्य व्यवस्थित क्यारी।
रोप देते हैं लाल सफेद फूल-कलियाँ,
बिखराते हैं खिलखिलाहट का जल।

हँसोड लोग....।
कौतूहल का विषय बने रहते हैं सदैव,
कहाँ से आती हैं कहनी इन्हें इतनी बातें?
मन पर इनके क्यों नहीं चढती हैं परतें ?
संभवत: जन्म से भाग्यशाली होते होंगे।

हँसोड लोग.... ।
असल में होते हैं निपट अकेले औ उदास,
रंगों की डिबिया जैसे सार्थक पर अर्थहीन ।
अकेले कोने में मुँह ढाँपे निकलते हैं प्राय:,
आँसुओं की अनवरत यात्रा पर कहीं सुदूर ।

हँसोड लोग... ।
हँसते नहीं हैं किसी पर सिवाय स्वयं के,
इसी तरह जीवन को झोली झोली बाँटते हैं ।
मुझे बेहद पसंद हैं ये, इनके साथ जाती हूँ
आँसुओं की अनवरत यात्रा पर कहीं सुदूर ।

34

जीवन पथ

कुछ यादों के मृदुबंद लिये
कुछ भावों का मकरंद लिये
हम दौड़ पड़े जीवन पथ पर
कुछ बनते मिटते छंद लिये

जो साथ चले कब साथ रहे
कब हाथ पसारे हाथ रहे
था प्रेम घृणा अथवा जो भी
सब भाव सजे निज माथ रहे

हास्य रुदन या निजता कोई
चलकर कुछ पग अक्सर खोयी
हर युग में चिर मुस्कानों ने
मन की सारी पीड़ा धोई

फिर आज तुम्हारा डर जाना
सौ शंकाओं से भर जाना
चिर मौन मुझे दे जायेगा
जीना जी कर यों मर जाना ॥

मन उल्लू का पट्ठा

कभी-कभी अकारण ही,
भर आती हैं आँखें।
सोचती हूँ किसने किया
इतनी शिद्दत से याद।
उलझ जाती हूँ सींचने में
बागीचे के पौधों को।
पर नमी बनी रहती है
बा-दस्तूर पलकों पर।
टटोलती हूँ फोन के नंबर
किससे नहीं हुई बात?
एक एक चेहरा नज़र में
फिल्म सा घूमता जाता है।
यकायक हूक उठती है
खोने का डर बढ़ता है।
हंसी मज़ाक में गुज़रा दिन,
शाम हासिये पर सिमटा।
मन! तुम वाकई अजीब हो,
कहाँ-कहाँ भटकते फिरे?
देखो सब ठीक ही तो है
कहीं कुछ भी ग़लत नहीं।
मुस्करा लो कि अच्छा है
बेवजह मुस्कराते रहना।

36
नि:संतान

1

चारपाई पर बैठी दादी सास ने
पैर छूती पतोहू के हाथ पकड़
व्यंग मिली मुस्कान सजाकर
फुसफुसाते हुए वही फिर पूछा,
"म्हाने तो बता दै, क्यों नी होण दे।"
घूँघट थोड़ा नीचे झुकते हुए बोला,
"एक, दो, तीन कितने साल नहीं?
अबकि कोई कहे आपसे कि नहीं
होने देती हूँ मैं तो कह देना कि,
"अच्छा लगता है औरत का बाँझ होना।"
छोड़ दिये हाथ, प्रश्न बंजर हो गये।

बेनाम चिट्ठियाँ

2

चौक में पत्थर की पट्टी पर बैठ,
याद हो आया सास को किस्सा।
"उसको संतान न हुई कई साल,
फिर उसने अपने आदमी की शादी,
करवा दी किसी दूसरी औरत से,
अब दोनों साथ-साथ रहती हैं।"
घूँघट थोड़ा नीचे झुककर बोला,
"बड़ी हिम्मत वाली है औरत,
बहुत नीच है उसका जीवनसाथी।"
सुनाई न दिये फिर किस्से कभी,
दूसरी की संतान का भी पता न चला।

3

ननद ने कुछ और पास सरकते हुए,
बेझिझक भूमिका बाँधकर कहा,
"भाभी! मैंने सुना है जिस लड़की का,
शादी से पहले होता है शारीरिक संबंध,
उसको संतान न होती शादी के बाद।"
मगर इस बार घूँघट झुका नहीं ज़रा,
बोल पड़ी आँखें, झाँककर आँखों में,
"शादी से पहले कैसे बनाते हैं संबंध,
आपको पता है यक़ीनन, मुझे भी बताना।"
धराशायी हो गयी जानकारियाँ और,
समझ में आ गये समस्त संबंध॥

जीजी

मैं उस वक़्त सत्रह की थी और वह चौबीस-पच्चीस की।

मैं शादीशुदा ज़िंदगी देख रही थी और वह जी रही थी।

वह कुछ दिनों की प्रसूता थी बिस्तर पर लेटी पराश्रित।

मैं उसकी पहली संतान की मौसी थी काम-काज के लिये।

उसने न जाने कितनी बार सुना होगा उस आवाज़ को,

मैं पहली बार सुन और देख पा रही थी जिसे इस तरह।

मर्दानगी गाल पर तमाचे बरसा रही थी और मुँह से गाली।

मैं घूर रही थी जड़ होकर कि हाथ चाहकर भी न उठा।

मन था कि इससे भी तेज़ बिजली उसके भी कान पर हो।

उससे भी तेज़ गालियों से गुंजा सकूँ उसका नपुंसक घर।

सुन तो सब रहे थे पर कोई रोकता नहीं था वहाँ पर।

मुझे उस दिन से नकचढ़ी कहने लगी थी उसकी सास।

कि मैं ने बोला था बहुत कुछ उनके हिसाब से उल्टा सीधा।

कारण क्या था मूल में एक गिफ्ट जीजी की सहेली का।

नहीं पहुंच सका था उसके घर सोचा किसी मौक़े पर देंगे।

मुझे पहली बार याद आया पिता का न होना।

मुझे पहली बार याद आया चार बेटी मतलब मुसीबत।

पिता और पिता के जाने के बाद माँ ने समझाया नहीं।

पता नहीं जीजी ने कैसे समझ लिया कि चुप रहना है।

पीछे बहनें हैं तो उनके लिए सोचकर पिटते जाओ।

इससे पहले और इसके बाद जाने कितनी ही बार।

मुझे नफ़रत थी है और हमेशा रहेगी हाथ उठाने वाले मर्द से।

मैं थूकना चाहती हूँ गाली देने वाले हर मुँह पर जीभर।

मैं चमकाना चाहती हूँ तड़ातड़ बिजली नपुंसक मर्द पर।

बाढ और हम

बारिश नहीं लाती है बाढ़।

बादल भी नहीं होते जनक।

बाढ़ की कारक प्रकृति नहीं।

बाढ़ है मनुष्य की ही उपज।

मानव खा गया पोखर की मेड़,

मानव निगल गया नदी की राह।

मानव जानता है पेड़ का महत्तव,

मानव काट चुका हरे भरे जंगल।

मानव बोता कंकरीट प्लास्टिक।

अब पानी कहाँ जाए, बरसे तो?

अब न बरसे तो कहाँ से आये पानी?

तुमने उसका रास्ता रोका, उसने तुम्हारा।

तुमने उसकी प्रसन्नता छीनी, उसने तुम्हारी।

हिसाब बराबर? रुको, अभी शेष है।

सब बराबर कर देंगे अपना हिसाब।

हवा, पानी, पेड़, जानवर, पक्षी, पृथ्वी

और? और यह जीवनदात्री प्रकृति भी॥

नए लड़के

ये नए लड़के...।
उफ़्फ! ये नए लड़के हैं,
कई आँखों में चुभते हैं,
इनके मुँहजोर शाइराना इरादों के शीशे।
कई कानों को नहीं सुहाती,
इनकी गहरी और नक़्क़ाशीदार बातें।
कि कहने लगे हैं ये नज़्में,
गाने लगे हैं ये जीवन गीत,
गूँजाने लगे हैं नये मिसरे।
नाक में दम है इनका इस क़दर महकना।
पढ़ते हैं घंटों तक क़िताबें,
कीड़े की मानिंद हैं चिपकते,
मरहूम शाइरों की जिंदगी से।
जाहिल कहाते हैं ये अच्छा पढ़ने वाले।
नहीं करते हैं अदब का लिहाज़,
यशगान नहीं करते हैं किसी का,
सजा लेते हैं अपनी ही महफ़िल,
दूर से खींच लाते सुनने वाले, हैं तिलस्मी।
न जाने क्या खाते हैं क्या गाते हैं,
जाने कहाँ कहाँ से चले आते हैं,
तराशने लगे हैं वकार कहन का,
उफ़्फ! कैसा ग़ज़ब ढहाते हैं ये नये लड़के।

40
प्यारी परी

प्यारी परी !
तुम जान चुकी थी उड़ना,
तुम नीचे कैसे गिर गयी ?

तुम्हें देखती थी मैं,
सर्वोच्च शिखर पर।
तुम पाताल में कैसे,
धंसती ही चली गईं ?

तैरना तो सिखाया था,
तुम डूब कैसे गईं ?

तुम्हें बाँध न पाया,
अपने परिवार का प्रेम ?
तुम खुली थी मगर,
इतनी कैसे खुल गयी ?

आत्मविश्वास से भरी,
हमेशा लगी थी मुझे।
किसी और की विश्वस्त,
इतनी कैसे हो गईं ?

यक़ीनन नहीं चाहती,
यूँ सोचना मैं तुम्हें ?
पर मेरी छाया थी तुम,
इतनी कैसे बदल गईं ?

तुम जान चुकी थी उड़ना,
तुम नीचे कैसे गिर गईं ? ?

41
दो लोग

अनजान लोग।

एक नाम जानता।

दूसरा नाम भी नहीं।

एक सिर्फ किस्से सुनता।

दूसरा वह भी नहीं।

एक बेहद क़रीब महसूस करता।

एक बिल्कुल भी नहीं।

एक पूछना चाहता है।

दूसरा बोल नहीं सकता।

एक मिलना चाहता है।

दूसरा लौट नहीं सकता।

किसी अजनबी के लिये क्यों रोती हो?

उसका जाना क्यों साल रहा है?

वह तो तुम्हारा कुछ भी न था।

42

अतिवृष्टि

मेघ गर्जन से तृषित संतुष्ट हैं,
हूक कैसी आ रही उस ओर से।
क्यों धरा पर स्वर्ण काला पड़ गया,
कौन मारा फिर रहा है भोर से।
इस समय के भाग्य में यह था लिखा,
आपके अपराध पर भी चुप रहे।
रोपता हो स्वेद कोई खेत में,
व्यर्थ लेकिन पुण्य नाली में बहे॥

43

पुत्री दिवस

आखिर क्यों? जानते हो?
उनको जन्मने नहीं देते,
उनको जीने भी नहीं देते।
तो अब कुंवारे रह गये
सभी शाही लाड़ कुँवर।
इसलिये मनाता है देश
पुत्री दिवस साल में एक दिन।

आज अख़बार में छपी
किसी बेटी की तस्वीर।
बात ही तो नहीं की उसने
चाकू उतार दिये सीने में।
मार दी गयी बीच सड़क
गुलाबी शहर लाल है अब।
आज मेरे शहर में भी
पुत्री दिवस मनाया गया।

उम्र अठारह नहीं है पर,
लड़की तो लड़की है।
विश्वास में धोखा घोला
धूर्तता से पिला भी दिया।
शरीर निचोड़कर उसका
आत्मा को रिक्त किया।
आज मेरे राज्य में भी
पुत्री दिवस मना लिया गया।

बेनाम चिट्ठियाँ

44

ठहराव

उसे आने की जितनी जल्दी थी
जाने की उतनी ही तत्परता भी।
मुझे ठहराव से लगाव रहा सदा
पड़ाव बिना यात्रा अधूरी लगी।
वह जीवन में आकर लौट गया
और मैं इसी पड़ाव पर ठहर गयी।

सड़क के पत्थर

कई यात्राओं के बीच
अचानक दिख जाते हैं।
सड़क किनारे पत्थर
और उन पर पदचिह्न।
गुज़रते समय किस पैर से
छाप दिये गये थे अथवा।
मनुष्य की भूल सहेजे
अभी किनारे ही पड़े हैं।
मैं देखना चाहती हूँ छपा
चप्पल या जूते का नम्बर।
डर है कहीं मेरे पैर में भी
यही नम्बर न खोज लिया जाए।

46
पंखा

रसोई की धुंध गंध को
बाहर धकेलता है पंखा।
तो पंखे मिटा सकते हैं
हर आंतरिक घुटन को?
मन की खिड़की पर फिर
क्यों नहीं लग सकता ?
अंदरूनी घुटन बाहर
फेंक देने वाला पंखा।

ग़ज़ल

पहली और आख़िरी ग़ज़ल।
तुमने कहा था तुम लिखोगे।
जब जीवन का अंतिम मोड़,
और उस पर मेरा अभाव होगा।
तुमने मिलन न चुना लिखने को,
रिक्तता अधिक रुचिकर लगी।
खालीपन भरने भी कब दिया,
भरा हुआ छलक जाता है न।
तुमने सब कुछ संभाल लिया,
आँसू मुस्कान सुख और दुख।
सोचती हूँ अभी जीवित रहूँ
वह एक ग़ज़ल पढ़ने के लिये।
आख़िरी में ही सही, शायद
एक बार आ जाए मेरा नाम।

ख़त

आज अचानक,
सुबह होने के ठीक पहले।
मेरे सपनों में,
आ गये ढेर सारे ख़त॥
इनमें शामिल थे,
पोस्टकार्ड, अन्तर्देशी, लिफाफे।
माँ लेकर आई थी,
वह व्यवस्थित ढेर मुझ तक।
"इतनी चिट्ठियाँ आती हैं
क्यों तुम्हारे नाम पर हर रोज़।"
कहकर खड़ी रही वहीं,
कि मैं चहकते हुए पढ़ने लगूँ।
अरे! ये तो मयूर की चिट्ठी है।
दोनों भाई बहन अब भी,
नहीं लिख पाते हैं शुद्ध हिंदी।
यह लिफाफा सातवीं से है,
नाम नहीं, मुझे याद आया,
बस उसकी शक्ल और चश्मा।
अंतर्देशी पर मेरा पता है,
रंजना दी की लेख है यक़ीनन।
दिखी एक अंतर्देशी पर,

पूनम अवस्थी

लाल पैन की लाइनें और गोले।
मैं तमतमाई कि किसने,
खोजी प्रेम की भाषा में गलतियाँ?
एक ने लिखा था कि अब भी,
मुझे याद करते हैं कक्षा के बच्चे।
किसी ने लिख भेजी है अपनी,
अनगढ़ अप्रशिक्षित शय'
शे'र-ओ-शाइरी।
किसी ख़त में लिखे हुए,
न मिलने आने पर कई उलहाने।
नहीं लिखा किसी ने भी,
किसी ख़त में भेजने वाले का पता।
किसके नाम भेजूँगी अब,
प्रेम से भरी हुई प्रत्युत्तरी पाती?
जागकर सोचती हूँ कि,
क्यों चले आये आज इतने ख़त।
बच्चों से नहीं हुई थी,
कल रात मेरी कोई भी बात।

नहीं पढ़ी थी मैंने कहीं,

कोई नयी पुरानी चिट्ठी कल रात।

मयूर ने बदल दिया था,

बहुत पहले ही अपना स्कूल।

मालती से कभी नहीं हुई,

इतनी खुलकर लंबी कोई बात।

पता नहीं क्यों चले आये,

सुबह सुबह सपने में ढेर सारे ख़त।

*बच्चे- विद्यार्थी (भारतीय विद्या भवन विद्याश्रम)

49
प्रेम और निबाह

बेनाम चिट्ठियाँ

प्रेम न निभा पाने वाले तुम,
करते हो दावा निबाह का।
तो मुझे सोचना पड़ता है,
एक, दो या फिर बार बार,
कि किस तरह लिखा जाये,
तुम्हें, तुम्हारे प्रेम या निबाह को।

50

वह

उसकी पदचाप थी खंडित करती,
उत्तुंग शीशारूढ़ प्रतिमानों को ।
उसके अंकेक्षण धूमिल थे करते,
प्रचलित विलगित अनुमानों को ।

दृष्टि के संशोधित सब मानक,
दो नेत्रों का ही अनुसंधान रहे ।
प्रज्ञा के अंक में शोधों के तब
नित नूतन विधि विधान रहे ।

51
गोपी चन्दर

तेज हवाएँ, रेत समंदर
घर के बाहर घर के अंदर,
पानी बरसा बोली मछली
गोपी चंदर, गोपी चंदर।
भीग गयी है गैया मैया
बछड़ा चीख रहा है डरकर
खड़खड़-खड़खड़ पूछे खिड़की
कौन दिशा से उठा बवंडर
भाग उठी बच्चों की टोली
भूरा पिल्ला खड़ा दुबककर
गोपी चंदर, गोपी चंदर।

बेनाम चिट्ठियाँ

52
स्त्रियाँ

स्त्रियाँ निकल जाना चाहती हैं,
इन बंद खुले घरों से।
इसलिये नहीं कि
 उन्हें घर प्रिय नहीं,
बल्कि इसलिये क्योंकि
घर को वे प्रिय नहीं।

पूनम अवस्थी

53
माँ और पुत्र

बेनाम चिट्ठियाँ

गहन अंधकार में
डूबी हुई मैं।
महसूस करती हूँ
कंधे पर कोमल उजाला।
याद आता है सबसे पहले
माँ हूँ मैं तुम्हारी प्रिय पुत्र।

54
तुम्हारी दुनिया

ये जो तुम्हारी दुनिया है,
तुम्हारे लायक है कि तुमने,
इसे स्वयं के लिये बनाया है।
मैं बाहरी इंसान आकर भी,
आ न सका जो अब तक,
प्रवेश द्वार से देखकर हैरान हूँ,
स्वार्थ बुझी तुम्हारी दुनिया को।

पूनम अवस्थी

55
अधूरा गीत

पुष्प गुच्छों में छिपाये शूल कोई,
जब मिले हैं स्वप्न हँसकर ही मिले हैं।

प्राण पण से नेत्र जिस पर स्थिर हुए हैं,
दृश्य वह सामान्य पर आकृष्ट करता।
रश्मियों के शीश रीती गागरी को,
नीले नभ में श्याम जैसे पूर्ण करता।

नील हो जब व्योम तो तुम ही बताओ,
श्याम या घनश्याम कब आकर मिले हैं।

बेनाम चिट्ठियाँ

56
जीवन

चटक रही है रात की कोंपल
पर यह उत्सव गान नहीं।
कलिका की पीड़ा का अब तक
स्वयं भ्रमर को भान नहीं।
जीवन का मतलब है देना
पाकर सब खो देना भी।
बैठ सभा में खुलकर हँसना
या कोने में रो लेना भी।

क्या लिखते हो

कुछ यादों की कतरन लेकर, कुछ शब्दों के पैबंद लिये।
लिख देते हो जाने क्या तुम, पीड़ाओं का मकरंद लिये।
कह देते हैं कहने वाले, क्या खूब लिखा क्या खूब लिखा,
लेकिन तुम भी जान सके कब, मन गीत बहा है बंद लिये।
धूप-सड़क पत्ते या बारिश, या मदिरा के खाली प्याले,
बस एकाकीपन आता है, रोचक से किस्से चंद लिये।
क्यों कह डालूँ मैं भी वह सब, जो कुछ जग ने कह डाला है,
मैंने बस दर्पण दे डाला, यह पावन सच्चा छंद लिये।

क्रोध

क्रोध कोई बीज होता

कि चबाकर निगल जाती मैं।

अश्रु कोई संपदा होते

कि सोच समझकर खर्च करती मैं।

सहनशक्ति कोई दासी होती

जिसे इसकी सीमा में ही रखती मैं।

मन कोई चट्टान होता

कि कठोर निर्णय ले सकती मैं।

कोई स्त्री नहीं देवी होती मैं

कि झुकती नहीं पूज्य रहती मैं॥

खोकर पाना

कौनसी डोर बाँध लेगी तुम्हें?
कौनसा वक़्त हाथ खींचेगा?
किसके दामन से लिपट जाओगी,
किसके सीने में सिर छिपाओगी?
किसके बाजू में फफक उठ्ठोगी,
किसकी सोहबत में खिलखिलाओगी?
अपने होने को तलाश करती हुई,
तुम कितनी दूर तलक जाओगी?
ज़िन्दगी मर मरकर जी भी लोगी तो,
पूनम मरकर क्या चैन पाओगी।
फिर उठ्ठाओ ये ताम झाम सभी,
अपने होने के इंतज़ाम सभी।
अबकि जाओ तो लौट आना मत,
देखना मत और मुँह दिखाना मत।
ये खिलखिलाना रुलाकर तुमको,
बनना उनका यूँ मिटाकर तुमको।
अब भी लगता है तुम्हें तुम कुछ हो,
अब भी लगता है कोई तुम्हारा भी है।
वो जिनसे रिश्ता है महज़ सोने का,
या कि दर ओ दीवार तले होने का।

या कि चूल्हे बर्तन और झाडन का,
या कि बस होना है ज़रूरत भर का।
क्या ज़रूरतों पर ही मिट जाओगी
इस कदर कब तक मुस्कुराओगी?
ख़ैर छोडो है ये बात बेमतलब,
ख़राब एक और रात बेमतलब।
तुम अकेले में लिखने से बाज आ जाओ,
इनसे निकलो कि खुद को पा जाओ।

60
बेटियाँ

जब जमाती हैं बेटियाँ
माँ की आलमारियाँ
तो साथ रख देती हैं
स्मृतियों की मधु गंध।

अस्त व्यस्त बालों वाली भी
करीने से रखती है जूडापिन।
चूडियों के क्रम को लगाती है
अपनी गणित के हिसाब से।

उसे ध्यान है कि क्या आयेगा
पहले अथवा अंतिम स्थान पर।
ज़रूरत के पैमाने पर तो लती
मेकअप के जंतर मंतर सारे।

फेंक देनी चाहिए वे वस्तुएँ
नही आ सकती जो काम में।
पसंद नापसंद के भागफल
ज़गह बनाते जाते हैं वहाँ।

बेनाम चिट्ठियाँ

मैं देखती हूँ कि कैसे उग आई
छोटी आलमारी में बड़ी दुनिया।
महज़ आलमारी नहीं जमाती
रिश्ते भी लगाती है क्रम से ही।

हमेशा चाहती है कि उसकी माँ
भाई को करती रहे अधिक प्यार।
गोद में सिर रखने की चाहना में
लिपट जाती है बस सिरहाने से।

वह रोती है आँसू छिपा लेती है
उसे सबकी हँसी चाहिए होती है।
मैं सोचती हूँ हँसती कब होगी
उससे अधिक रोती कब है वह।

बिटिया मुझे चाहती तो है बहुत
गले न लग पाती है आगे बढकर।
बंद क़िताब सी बिटिया को मैं
पढना चाहती हूँ शब्द शब्द।

सुनो मेरी बच्ची, मेरी आलमारी
मेरी पुस्तक, मेरी हँसी और आँसू।
मेरी पूरी दुनिया हो तुम और तुम
लिपट जाना इस बार मिलने पर।

61
बेटे की प्रेमिका

बुरी नहीं लगती है माँ को
बेटे की प्रेमिका कभी वैसे
साथ रहती तो सुख रहता
ख़याल रख सकेगी बेहतर।

अब पूछना न पडेगा मुझे
तुमने खाना खा लिया है न ?
समय पर खिला चुकी होगी
कौर कौर अपने हाथों से।

उसकी बेतरतीब चीज़ें
सहेज कर रख जाती होगी
धोती नही हो पर टाँकती
ज़रूर होगी हैंगर पर कपड़े।

भावुक क्षण में रख देती होगी
काँधे पर कोमल हाथ और
फिरा देती होगी बालो में
नेह से भीगी हुई अँगुलियाँ।

बेनाम चिट्ठियाँ

मेरी गोद में सिर रखकर
नही सुनानी पडेगी आपबीती
रोज़ शाम उसका हाथ थामे
मन खाली कर देता होगा न।

सोचती रही यह सब लेकिन
मुझे बुरी नहीं लगी अचानक
माँ को बुरी लगने लगी है
बेटे की प्रेमिका अब ऐसे।

कि प्रेम में छल करना या
छल को प्रेम कह देना भी
या एकाकी कर देना ऐसे
अस्वीकृत रहा माँ के लिये।

बेटा अकेला बेहतर था क्योंकि
अब वह बिल्कुल अकेला है
बुरी लगती है माँ को अब
अपने बेटे की वह प्रेमिका
प्रेम है पर प्रेमिका नही है।

लिम्पी (गोधन की बीमारी)

देखती हूँ, सोचती हूँ
और तुम्हें पुकारती हूँ।
कहाँ हो कृष्ण मुरारी?
भूरी, श्यामा, दुलारी।
ये अब लौटती नहीं
तुमने बाँसुरी बजाकर।
रोक ली क्या मेरी गैया?
सवेरे चरने गयी थी।
तब उदास सी दिखी
उसके शरीर पर भी।
उतर आये बुलबुले
हवा भरी है क्या उनमें।
घाव सा लगता है
बहुत खोज रही हूँ।
कुत्तों के झुंड दिखते
पर दिखाई नही देती।
भूरी, श्यामा, दुलारी
हे कन्हैया उनको भेजो

दूध दुह न सकूँ भले
तरसता तो न रहेगा
भूखा मंगल बछडा,
दुलारी की सोना भी
रंभा रही है बहुत
सुनती तो होंगी पर
तुमने बाँसुरी बजाकर
रोक ली क्या मेरी गैया?

63
उसका नाम

मैं ने जितनी भी कविताएँ
अब तक उसके नाम लिखी हैं,
उनमें से इक भी कविता में
उसका आया नाम नहीं है,

उसके अस्त व्यस्त बालों का
कोई विवरण नहीं लिखा है,
बहुरंगी दाँतो की अद्भुत
हँसी का वर्णन नहीं किया है,
कद काठी का, नैन नक्श का
कोई शब्द चितराम नहीं है,

रंग कई पहने हैं उसने
अब तक गिनती न कर पाई,
पर भावों के रंगों से मैं
कविताएँ सारी भर आई,
बहुमूल्य उसको लिखना यूँ
सरल बहुत यह काम नहीं है,

64
अनीति

उसने अपराध चुना।
उन्होंने अपराधी।
उसने पहुँच बढ़ाई।
उन्होंने सदुपयोग।
उसने दबदबा बढ़ाया।
उन्होंने ख़तरा भाँपा।
उसने विरोध किया।
उन्होंने एजेंडा बनाया।
उसने पुलिसकर्मी मारे।
उन्होंने सबूत मिटाये।
उसने भागना चुना।
वे अनुसरण करते।
उसने सुरक्षा चाही।
वे रास्ता देते गये।
अंत में बच गया वह।
अंत में बच गयी राजनीति।
अंत में बच गया रसूख़।
अंत में बच गयी साख।
असल में आत्मसमर्पण युक्ति थी।
सफेद-पोशों की तात्कालिक मुक्ति थी।

* 9 7 8 9 3 9 1 5 3 1 7 1 3 *